Steen Pagan

Saúde mental e colocação de professores tribais

Steen Pagan

Saúde mental e colocação de professores tribais

No distrito de Jharsuguda, Odisha, Índia

ScienciaScripts

Imprint
Any brand names and product names mentioned in this book are subject to trademark, brand or patent protection and are trademarks or registered trademarks of their respective holders. The use of brand names, product names, common names, trade names, product descriptions etc. even without a particular marking in this work is in no way to be construed to mean that such names may be regarded as unrestricted in respect of trademark and brand protection legislation and could thus be used by anyone.

Cover image: www.ingimage.com

This book is a translation from the original published under ISBN 978-3-659-82942-0.

Publisher:
Sciencia Scripts
is a trademark of
Dodo Books Indian Ocean Ltd. and OmniScriptum S.R.L publishing group

120 High Road, East Finchley, London, N2 9ED, United Kingdom
Str. Armeneasca 28/1, office 1, Chisinau MD-2012, Republic of Moldova, Europe
Printed at: see last page
ISBN: 978-620-8-15254-3

Índice:

SAÚDE MENTAL E COLOCAÇÃO DE PROFESSORES TRIBAIS

Steen Pagan
Bolseiro de investigação
JNU, Nova Deli

Reconhecimento

A investigação coloca numerosos desafios e requer um estudo aprofundado, bem como o máximo cuidado e paciência por parte do investigador. É natural que um investigador aceite muitos obstáculos e dificuldades na realização de uma boa investigação e, para isso, precisa de força emocional e de um incentivo constante como feedback. Beneficiei do apoio, da orientação e da interação com muitas pessoas a quem desejo agradecer por terem tornado esta dissertação completa e bem sucedida. Todos os tipos de interação podem não ter qualquer significado académico óbvio, mas, mesmo assim, deram-me a oportunidade de desenvolver e expressar alguns dos pensamentos aqui incluídos. Espero que aqueles que possam não ser reconhecidos individualmente, mas que tenham dado o seu precioso apoio de várias formas durante este período, o façam como um sincero agradecimento pelo seu gesto de boa vontade.

Expresso a minha sincera gratidão aos meus estimados professores, cuja orientação competente, apreciação sensata e críticas ajudaram muito a escrever este trabalho. O seu apoio fez com que me sentisse confortável e contribuiu para a minha aprendizagem, sem o qual este trabalho não teria sido publicado.

Agradeço a todos os funcionários do meu departamento, PG Department of Education, GM College, Sambalpur University, Odisha, que, direta ou indiretamente, moldaram a minha compreensão e personalidade. Estou em dívida para com o pessoal da biblioteca do meu colégio e da minha universidade por me terem dado todo o apoio na procura de tudo o que era necessário para concluir este trabalho.

Por último, devo os meus agradecimentos especiais e sinceros a todos os professores e funcionários da escola abrangidos pelo meu estudo pela sua cooperação em tempo útil e aos meus amigos mais próximos e seniores que estiveram sempre comigo para me encorajar constantemente a concluir este trabalho.

Por último, mas não menos importante, devo os meus mais sinceros agradecimentos à Editora Lambert e ao Grupo Lambert pelo seu cansaço, menos trabalhos e sugestões para que este livro fosse apresentado a vós.

Steen Pagan

Prefácio

Na Índia, em todos os estados e territórios da união, existem 705 tipos de grupos tribais, que constituem 8,6% da população total em 2011. Em 1961, a população tribal era de 6,9 por cento. Em 1961, o rácio sexual tribal era de 987 e em 2011 é de 990. A maior parte da população tribal vive no estado de Madhya Pradesh (14,7%), Maharashtra (10,1%) e Odisha (9,2%). Em 2011, existiam cerca de 23 milhões de agregados familiares tribais na Índia, dos quais uma grande parte (20 milhões ou 11,3% da população tribal) vivia em aldeias rurais (Relatório dos Censos, 2011).

Ao longo de mais de seis décadas de independência da Índia, este país tem-se debatido com inúmeros desafios, incluindo o sector da educação, apesar dos enormes investimentos nele efectuados. A Índia comprometeu-se, juntamente com a Liga dos 135 países, a fazer da educação um direito fundamental, comprometendo-se a assegurar o acesso, a frequência e a conclusão do ensino básico para todos. Apesar disso, uma grande parte da sociedade continua a ser atrasada e a comunidade tribal é uma delas. As condições de vida das tribos são extremamente precárias em termos de serviços básicos como o acesso à alimentação, à educação, à saúde, ao saneamento básico e à comunicação. Para além disso, muitos estudos revelam a existência de um fosso educativo entre as tribos, sobretudo em Odisha. O relatório sobre o índice de desenvolvimento humano indiano de 2011, por exemplo, revela que a situação do Estado de Odisha é muito má. Existem numerosos factores e forças que impedem o sucesso escolar das tribos. Neste contexto, o presente estudo tem por objetivo explorar os problemas despercebidos dos professores tribais e a sua satisfação profissional em Odisha.

Os estudos existentes sugerem que o atraso do ensino tribal na Índia se deve fundamentalmente à falta de educação. No entanto, até à data, não existe qualquer estudo sobre os professores tribais de Odisha. A taxa de abandono escolar tem sido muito elevada entre eles, apesar dos diferentes programas emblemáticos, como o Sarva Shiksha Abhiyan (SSA), o regime de refeições a meio do dia (MDM) e o Direito à Educação (RTE), implementados para garantir a conclusão de 14 anos de escolaridade, a fim de realizar a universalização do ensino básico na Índia. Devido a várias razões, os direitos e as disposições não estão a chegar às tribos. Existe um enorme fosso entre as políticas governamentais, por um lado, e as realidades no terreno, por outro. A comunidade internacional criou discursos globais através de conferências sobre educação realizadas nos anos 90 em Jomtian, na Tailândia, e em Dakar, no Senegal, com o slogan "educação para todas as crianças em todas as sociedades". Tais slogans têm pouco impacto nos países do terceiro mundo em geral e nos grupos marginalizados como as tribos em particular, uma vez que a taxa de abandono escolar entre eles continua a ser a mesma. Ao avaliar a ideia de igualdade de oportunidades educativas para todos, por um lado, e as crescentes desigualdades educativas entre as tribos, por outro, este estudo tem por objetivo explorar a educação tribal na Índia, em Odisha e no distrito de Jharsuguda.

Embora o distrito de Jharsuguda tenha uma elevada taxa de alfabetização e seja rico em minerais, indústrias, negócios e relatórios governamentais, a realidade é diferente dos registos oficiais. O presente estudo proposto seria realizado entre os professores tribais, uma vez que o investigador pertence ao mesmo universo cultural e tem observado a comunidade desde a infância. A maioria das pessoas desta aldeia tribal trabalha por conta de outrem para ganhar a vida. O estado de Odisha tem estado, nos últimos anos, no fundo do índice de baixo desenvolvimento na Índia (Indian Human Development Report, 2011). Não existe um ambiente educativo visível no distrito e as tribos são negligenciadas em todas as esferas da vida. Por exemplo, devido à falta de instalações de irrigação, as tribos perderam as suas actividades agrícolas e, como resultado, estão à procura de emprego noutros estados para a sua subsistência. Devido a estes problemas estruturais e à falta de desenvolvimento, o sistema educativo das tribos não é impressionante. Por isso, o presente estudo centra-se nos desafios e nas verdadeiras causas dos professores tribais, que são a base do futuro de milhões de crianças.

Capítulo I
Introdução

1.1 Introdução

A educação é indispensável para o desenvolvimento humano e também para o desenvolvimento da civilização. A educação é uma parte integrante da vida humana, sem a qual o homem é considerado um animal. O professor assume a maior parte da difícil mas extremamente sagrada tarefa de educar a criança. O professor tem um papel vital para o progresso de uma nação. Ele é o arquiteto do trabalho desenvolvido na escola. Assim

"O destino de uma nação está a ser moldado nas suas salas de aula, então o verdadeiro criador de destinos é o professor."

O objetivo final da educação é o desenvolvimento global da personalidade das crianças e a sua adaptação à sociedade, e tudo isto pode ser alcançado rapidamente por um professor eficiente, competente e de qualidade. Só um professor é capaz de fazer da sua criança aquilo que ele quer fazer. Assim, para o estabelecimento de uma sociedade boa e democrática, bem como de uma nação, a importância de um professor de qualidade é altamente essencial. Ele é o pivô de todo o processo educativo. Por isso, para o desempenho desta tarefa, o professor deve ser mentalmente são e saudável. Se for mentalmente saudável, pode inculcar a criatividade nos alunos e estes podem desenvolver a sua criatividade. A boa saúde mental de um professor depende, em certa medida, da sua satisfação com a sua profissão. Assim, para que os professores tenham uma boa saúde mental, devem ser bem colocados de acordo com os seus interesses. Por outras palavras, a saúde mental de um professor está intimamente relacionada com a sua colocação e os objectivos de todo o processo educativo são materializados não só facilmente, mas também de forma altamente progressiva.

O professor é de extrema importância no processo de ensino-aprendizagem. O professor é o elemento central de qualquer sistema de ensino. Todo o sistema de ensino gira em torno do professor. Ele é a pessoa de quem dependem todas as actividades da escola. A importância do edifício escolar, do mobiliário e do equipamento escolar, do currículo, do livro de texto, etc., não pode ser negada. Mas sem o professor, tudo isso não tem sentido. Não são os edifícios e os equipamentos escolares, mas sim os professores que fazem uma escola.

O professor é uma força dinâmica da escola. Uma escola sem professor é como um corpo sem alma, um esqueleto sem carne e sangue, uma sombra sem substância. Atualmente, não há maior necessidade para a causa da educação do que a necessidade de homens fortes e másculos e de mulheres maternais como professores dos jovens. Como engenheiros sociais, os professores podem socializar e humanizar os jovens através das suas qualidades masculinas. O professor é a vara que mede o sucesso e a aspiração da nação. O valor e as potencialidades do país são avaliados no e através do trabalho do professor. O povo de um país é uma réplica ampliada dos seus professores. São eles os verdadeiros construtores da nação.

A este respeito, o Dr. S. Radhakrishnan disse um dia: "O lugar dos professores na sociedade é de importância vital. Actua como pivô para a transmissão de tradições intelectuais e competências técnicas de geração em geração e ajuda a manter acesa a lâmpada da civilização. " . Contexto do estudo

Foram efectuados vários estudos nos distritos, no Estado e a nível universitário sobre os problemas polivalentes dos professores secundários tribais relacionados com a sua saúde mental e colocação.

Assim, o presente estudo é certamente novo e contribui significativamente para a resolução dos problemas psicológicos ou mentais dos professores tribais do ensino secundário. A maior parte dos professores secundários tribais não está satisfeita com a sua profissão. Há várias causas para o seu menor interesse pela profissão. Assim, através deste estudo, o investigador tenta estudar a saúde mental dos professores do ensino secundário tribal e também a satisfação com a sua profissão.

1.2 Necessidade do estudo

O desenvolvimento global da personalidade do indivíduo é o objetivo final da educação e é cumprido em grande parte pelos professores. Por isso, um professor deve ser ativo, democrático e competente. Devem ser-lhes proporcionadas todas as facilidades para que o seu estado mental melhore e se dediquem a fazer o futuro dos alunos.

Desde o início do período de planeamento, o governo indiano criou diferentes comités e comissões para estudar a saúde mental e a sua satisfação no trabalho, tendo tomado medidas para minimizar os seus problemas no âmbito da sua profissão. Assim, um estudo adequado da saúde mental e da colocação dos professores tribais do ensino secundário é altamente essencial e é também essencial saber e dar a conhecer de que forma a sua satisfação profissional está relacionada com a sua saúde mental e vice-versa.

De facto, foram realizados muito poucos estudos de investigação no domínio da educação para estudar a saúde mental e a satisfação profissional dos professores tribais do ensino secundário na localidade do distrito de Jharsuguda. Assim, a presente investigação pode ser justificada em termos da sua utilidade, novidade e aplicabilidade dos seus resultados em maior escala.

1.3 Declaração do problema

O problema de estudo empreendido pelo investigador é um tema específico e novo. Tendo em conta a justificação acima exposta, o investigador pretende trabalhar sobre o problema que é enunciado da seguinte forma:

"SAÚDE MENTAL E COLOCAÇÃO DE PROFESSORES DE ESCOLAS SECUNDÁRIAS TRIBAIS DO DISTRITO DE JHARSUGUDA".

1.4 Definições operacionais

Uma definição operacional atribui um significado a um constructo ou a uma variável, especificando as actividades ou "operações necessárias para medir". Em alternativa, uma definição operacional é uma especificação das actividades da investigação para medir uma variável ou para a manipular. Uma definição operacional é uma espécie de manual de instruções para o investigador. Diz, de facto, "Faça tal e tal" ou "tal e tal maneira". Em suma, desenvolve ou dá sentido a uma variável, explicitando o que o investigador deve fazer para a medir.

Por definição operacional entende-se a definição concreta do problema através da qual se pode compreender o significado real dos conceitos utilizados no trabalho de investigação.

1.4.1 Conceito de saúde mental

Em termos simples, a saúde mental é a capacidade de se adaptar a um ambiente de forma satisfatória e fácil ou agradável.

Nos últimos anos, a incidência de problemas de saúde mental tem aumentado consideravelmente e tem constituído um grave problema para a nação. O desenvolvimento industrial e as mudanças sociais e económicas deram origem a uma série de novos problemas. Estes problemas estão a criar diferentes tipos de stress e tensões nos seres humanos. Em resultado disso, as pessoas estão a ficar mentalmente doentes e este problema de saúde mental está a tornar-se um obstáculo ao desenvolvimento da nação.

A saúde mental não é mais do que uma questão de ajustamento. P.V. Lewkan escreveu que - "Um indivíduo mentalmente saudável é aquele que, satisfeito, vive pacificamente com os seus vizinhos, faz dos seus filhos cidadãos saudáveis e, mesmo depois de cumprir estes deveres fundamentais, tem energia suficiente para fazer algo de benéfico para a sociedade".

Norma E. Cutt e N. Mosley definiram a saúde como "a capacidade de se ajustar satisfatoriamente às várias tensões do ambiente que encontramos na vida".

No género humano, K. A. Manninger escreveu: "Definamos saúde mental como o ajustamento dos seres humanos ao mundo e uns aos outros com um máximo de eficácia e felicidade. É a capacidade de manter um temperamento equilibrado, uma inteligência alerta, um comportamento socialmente atencioso e uma disposição feliz.

Com a crescente ênfase no consumismo e nos valores económicos e a alteração das prioridades na vida, a profissão de professor está a tornar-se cada vez mais stressante. Por isso, os professores estão a enfrentar diferentes tipos de problemas relacionados com a sua saúde mental. A saúde mental do professor desempenha um papel importante no processo de ensino-aprendizagem. Se o professor não tiver uma boa saúde mental, pode causar danos incalculáveis à nação sob a forma de uma má orientação dos alunos. O professor ocupa um papel central nos programas escolares. É ele que determina a eficácia da escolaridade e do processo de ensino-aprendizagem. Ao avaliar todos estes aspectos, a saúde mental pessoal do professor é um dever a ter em consideração. Para ser um ideal eficaz para os seus alunos, o professor deve ser o guardião de uma saúde mental sã, a interação homem-maturidade emocional e calibre e um carácter mais elevado. No processo de transmissão da educação, o professor que é mentalmente são só pode desenvolver uma saúde mental sã dos alunos. O papel do professor é vital neste domínio.

1.4.2 O conceito de colocação

A colocação é um serviço importante de um programa de orientação. A colocação significa colocar uma pessoa num bom emprego onde possa utilizar o máximo das suas capacidades e competências e onde seja feita uma avaliação contínua dos seus progressos. A colocação refere-se à "afetação de um trabalhador ao posto de trabalho para o qual está mais apto". O termo "adaptado" significa a satisfação do indivíduo, bem como as suas capacidades em relação ao trabalho.

O serviço de colocação ajuda o indivíduo a fazer uma transição bem sucedida de um estabelecimento de ensino para um estabelecimento de ensino superior, para uma formação profissional mais aprofundada ou para uma profissão e carreira adequadas. O mais importante é que a pessoa seja colocada num emprego que lhe seja mais adequado e que se sinta confortável e satisfeita com esse emprego. Existem dois tipos de colocação, a saber

(i) Colocação escolar (ii) Colocação profissional.

A colocação escolar é proporcionada aos alunos tendo em conta os seus objectivos profissionais. A colocação profissional é efectuada tendo em conta a formação e a experiência de cada indivíduo. A colocação educativa implica a colocação dos alunos em cursos regulares, em diferentes actividades curriculares e co-curriculares e na formação contínua. Por outro lado, a colocação profissional consiste em afetar o indivíduo a determinados trabalhos para os quais está mais apto e que lhe darão plena satisfação. Esta colocação ajuda os estudantes a encontrarem e a assegurarem um emprego após a conclusão dos seus estudos.

A colocação dos professores é muito importante. Trata-se de saber se o professor está bem colocado e satisfeito com o seu trabalho ou não. Neste contexto, a colocação também pode ser interpretada como satisfação profissional. O professor deve ser colocado quando pode utilizar a sua capacidade máxima com satisfação e felicidade.

1.1.3 Saúde mental e colocação de professores

A colocação está intimamente ligada à saúde mental de um professor. Se o professor não tiver uma boa saúde mental, pode causar muitos danos à sociedade. Também não pode exercer bem a sua profissão. A sua doença mental não só afecta a sua própria personalidade, como também pode causar inúmeros danos aos alunos da sua escola.

Uma saúde mental sã é condição sine quanon para que um trabalhador seja eficaz ao nível ótimo da sua eficiência. De acordo com Tripathy (1991), no seu estudo, foi estabelecido o facto de a saúde mental de uma pessoa estar associada à sua profissão. Por conseguinte, a saúde mental de um professor reflecte-se nas suas qualidades pessoais e profissionais. Para ser mentalmente saudável, um professor tem de desenvolver e cultivar todas as qualidades profissionais, como o bom conhecimento da matéria para ensinar eficazmente, o domínio da capacidade de comunicação e o desenvolvimento de uma atitude positiva em relação à profissão. A análise e a avaliação das vantagens da profissão docente em termos de oportunidades de realização profissional, de estímulo intelectual e de satisfação pessoal são muito necessárias para a saúde mental.

Se o professor estiver satisfeito e bem ajustado na sua profissão, a sua saúde mental é sã e pode interagir com os seus alunos de forma mais eficaz e eficiente. Mas na escola, a carga de trabalho pesada, a insegurança do serviço, as más relações entre os professores, etc., estão a criar perturbações mentais na mente dos professores que afectam negativamente o seu trabalho e, por isso, estes não têm as qualidades profissionais necessárias para cumprir os objectivos de saúde mental na educação.

Anand (1986) referiu que os professores profissionalmente satisfeitos são mentalmente saudáveis e têm uma atitude favorável em relação às crianças. Para uma boa saúde mental do professor, este deve possuir qualidades como a compreensão das necessidades e dos interesses das crianças, a capacidade de trabalhar e de partilhar coisas, a adaptação à sociedade, o amor pela profissão e a vontade de ensinar eficazmente. Deste modo, a saúde mental e a colocação estão inter-relacionadas. Se uma pessoa não estiver bem colocada, não pode ser mentalmente saudável e isso criará problemas de saúde mental que afectarão novamente o processo de ensino-aprendizagem e as crianças.

1.1.4 Fase secundária

Com base nas sugestões e recomendações dadas por diferentes comissões e comités criados pelo governo indiano, dirigidos por académicos e pedagogos, todo o nosso sistema educativo foi dividido ou categorizado em diferentes fases, de acordo com o desenvolvimento intelectual em diferentes estádios, ou seja, ensino primário inferior, ensino primário superior, ensino secundário inferior, ensino secundário superior e ensino superior.

No presente estudo, o investigador escolheu a saúde mental dos professores do primeiro ciclo do ensino secundário e a sua colocação em diferentes instituições do distrito de Jharsuguda. O ensino secundário inferior inclui as classes 9th a 10th .

1.1.5 Definição de Tribo

As tribos do nosso país são conhecidas como Adivasis no sentido comum do termo. Em geral, é aplicado a pessoas que são consideradas primitivas e que vivem em zonas atrasadas e não conhecem a escrita. No passado, os antropólogos consideravam as tribos como sinónimo do termo "raça", que tem um significado completamente diferente, na ausência de qualquer significado preciso dado ao termo "tribo", o que gerou muita confusão.

Desde a independência do nosso país, o governo providenciou diferentes disposições e facilidades para a sua elevação e foram tomadas inúmeras medidas para os envolver na corrente nacional de progresso. As tribos são testemunhas da mudança social maciça deste país. Por isso, o governo tem vindo a proporcionar facilidades para o seu progresso e melhoria em diferentes domínios.

As tribos podem ser definidas a diferentes níveis. A definição de tribo baseia-se nas caraterísticas empíricas de um modo particular de agrupamento humano encontrado em diferentes partes do mundo.

No contexto indiano, a tribo é, portanto, basicamente uma categoria político-administrativa e não conservou praticamente nenhuma das suas caraterísticas socioculturais. É por isso que talvez a nossa Constituição utilize o termo tribo na sua conotação administrativa. Para a Constituição, as tribos classificadas são aquelas que são atrasadas e merecem uma provisão especial para o desenvolvimento.

Ghury definiu assim as tribos catalogadas como sendo aquelas que são declaradas pelo Presidente, através de notificação pública, como comunidades tribais ou partes ou grupos de tribos ou comunidades tribais que, para efeitos da presente contribuição, serão consideradas tribos catalogadas.

1.1.6 Professores tribais

Os professores tribais são os professores que trabalham em escolas tribais das áreas tribais do distrito empreendido pelo investigador como seu estudo do distrito em causa. Neste estudo, o investigador tentou estudar a sua saúde mental e a satisfação com a colocação em conformidade.

1.6 Objectivos do estudo

Toda e qualquer criação neste mundo tem algumas metas e objectivos a serem alcançados através do cumprimento de deveres. Uma coisa ou pessoa que existe no mundo tem de ter objectivos e metas. Caso contrário, é suposto não ter qualquer significado, como uma carta sem endereço ou um navio sem capitão, que não têm qualquer valor ou significado. Assim, tendo isto em conta, há vários objectivos e finalidades por detrás do presente estudo realizado pelo investigador. Seguem-se alguns dos principais objectivos do presente estudo:

(i)   Estudar a saúde mental dos professores do ensino secundário tribal.

(ii)   Estudar a colocação dos professores do ensino secundário tribal.

(iii) Estudar a relação entre a saúde mental e a colocação dos professores do ensino secundário tribal.

(iv)   Descobrir a diferença entre os professores do ensino secundário tribal do sexo masculino e feminino no que respeita à sua saúde mental.

(v)   Descobrir as diferenças entre os professores do ensino secundário tribal do sexo masculino e feminino no que respeita à sua colocação.

1.7 Âmbito   do estudo

De um modo geral, o âmbito significa a área ou a jurisdição de uma coisa. Em sentido lato, significa as áreas de estudo que estão incluídas numa determinada disciplina.

É muito essencial que o investigador conheça as áreas incluídas no estudo atualmente realizado pelo investigador.

O âmbito do presente estudo limita-se aos professores tribais do ensino secundário do distrito de Jharsuguda, relativamente à sua saúde mental e colocação.

1.8Declaração de hipóteses

A palavra "hipótese" é composta por duas palavras gregas: "Hypo" significa "tentativa" ou "sujeito a verificação" e "tese" significa "declaração sobre a solução de um problema, respetivamente".

Assim, o significado literal do termo "hipótese" é uma afirmação provisória sobre a solução do problema.

John W. Best definiu a hipótese como "Uma suposição ou inferência partilhada que é formulada e provisoriamente adoptada para explicar factos ou condições observados e para orientar outras investigações".

A realização efectiva de uma investigação é muito difícil sem a definição de uma hipótese para o estudo. A hipótese ocupa um lugar importante na investigação, porque dá uma orientação ao estudo e ao experimentador. As hipóteses são a prova de que o investigador dispõe de conhecimentos suficientes para propor uma explicação que alargue o corpo de conhecimentos pedagógicos.

A hipótese dá continuidade ao estudo, fornecendo a base para tirar conclusões para todo o estudo de investigação. Um estudo pode ter mais do que uma hipótese e, neste contexto, foram formuladas as seguintes hipóteses para serem examinadas.

(i)   Não existe uma diferença significativa entre os professores do ensino secundário tribal do sexo masculino e feminino no que respeita à sua saúde mental.

(ii)   Não existe uma diferença significativa entre os professores do ensino secundário tribal do sexo masculino e feminino no que respeita à sua colocação.

(iii) A saúde mental dos professores do ensino secundário tribal não está associada à sua colocação.

1.9 Delimitação do estudo

É natural que tudo no mundo tenha algumas limitações, embora as vantagens sejam maiores. Assim, neste contexto, o estudo efectuado pelo investigador tem algumas delimitações. A procura de novos conhecimentos é um processo interminável. É muito difícil cobrir todos os aspectos relacionados com o estudo por parte do investigador devido à falta de assistência financeira, falta de tempo, etc.

50, Seguem-se algumas limitações do presente estudo realizado pelo investigador:

(i)   Este estudo abrangeu apenas um único bloco de um distrito.

(ii)   10 escolas do distrito foram selecionadas para este estudo pelo investigador.

(iii) De entre os muitos professores, apenas 40 professores do ensino secundário tribal (26 homens e 14 mulheres) foram selecionados como amostra do estudo.

(iv)   O objetivo do estudo limita-se ao estudo da saúde mental dos professores do ensino secundário tribal e da sua satisfação profissional.

(v)   Todos os dados necessários para este estudo são recolhidos através da técnica do questionário, em que alguns professores podem não dar as suas opiniões originais.

(vi)   Este estudo limita-se apenas ao estudo dos professores secundários tribais da zona tribal.

Capítulo II
Revisão da literatura relacionada

A revisão da literatura relacionada significa, mais uma vez, a análise de todos os materiais anteriores relacionados, como periódicos, revistas, livros, dissertações, teses, etc., para compreender melhor o problema atual selecionado pelo investigador para estudo.

Por outras palavras, significa procurar novamente informações actualizadas relacionadas com o presente estudo a partir do que já existia perto dos investigadores. A revisão da literatura relacionada é uma parte integrante da investigação educacional.

Para compreender melhor o problema em estudo, é muito necessário que o investigador reveja a literatura existente sobre o assunto. Se o investigador não tiver um conhecimento e uma ideia claros sobre o presente estudo e qual a sua relação com os estudos anteriores existentes, repete o que já é conhecido. Pode dizer-se que os estudos de repetição e duplicação nunca fornecem novos conhecimentos e informações à sociedade. Por outro lado, se o estudo for efectuado corretamente, com um novo lema e uma nova intenção, a nossa sociedade pode beneficiar com isso.

A revisão da literatura relacionada é extremamente importante, pois permite ao investigador ter uma visão dos problemas e preparar um projeto para resolver o problema com uma abordagem eficaz. Também ajuda a selecionar ferramentas e amostras adequadas. As revisões permitem ao investigador ter uma visão mais próxima do seu trabalho para compreender a sua verdadeira natureza e a estratégia para o atacar diretamente. Trata-se de uma tarefa exigente, que requer uma visão profunda e uma perspetiva clara do campo. Trata-se de um passo crucial que minimiza o risco de morte, de rejeição de tópicos, de tópicos/estudos rejeitados, de esforços desperdiçados, de tentativas e erros e de abordagens orientadas para a atividade já discretizadas por investigadores anteriores.

Também ajuda o investigador a desenvolver perspectivas adequadas da área a ser estudada. Para que o estudo valha a pena, o investigador teve de fazer um levantamento exaustivo dos estudos já realizados sobre o problema e os aspectos conexos da literatura, que constitui a base sobre a qual se constrói o estudo posterior.

Assim, cada investigador deve conhecer adequadamente o passado. Assim, pode conceber novas investigações para estudar o que é desconhecido. O único objetivo da revisão da literatura relacionada é estar familiarizado e ciente da literatura sobre os assuntos. A este respeito, W.R. Bory disse uma vez: "A literatura é a base sobre a qual todos os trabalhos posteriores serão construídos."

Para o presente estudo, o investigador consultou muitos guias educativos, a literatura educativa e, por orientação destes, foram encontrados alguns relatórios e estudos relevantes relacionados com o presente estudo, tendo o investigador recolhido uma série de estudos relacionados com o estudo, que são mencionados a seguir:

2.1 Análises de estudos com as principais conclusões

(1) G.C. Biswal (1991) Ph.D. (Edn) - The Maharaja Sahaj Rao University of Baroda, o seu estudo foi sobre "Necessidades e problemas de uma comunidade tribal em Orissa no que respeita à educação: An in-depth study".

O objetivo do estudo era estudar as práticas de formação educativa indígenas disponíveis numa comunidade tribal no que diz respeito à sua natureza, âmbito, objectivos e utilidade e estudar a eficácia dos programas de desenvolvimento empreendidos pela comunidade.

Principais conclusões:

Entre as suas principais conclusões, as seguintes estão relacionadas com o presente estudo e penso que o apresentarão melhor:

(i) Falta de instalações físicas necessárias para a população tribal, o que dificulta a sua educação de uma forma incalculável.

(ii) A segunda constatação foi a falta de professores com as qualificações adequadas exigidas nessa comunidade, o que constituía também um importante obstáculo à alfabetização ou à educação dessa comunidade específica.

(iii) A terceira conclusão a que chegou é que não existiam instalações sanitárias, o que causava riscos para a saúde, e que havia falta de comunicação, o que os deixava sob a sombra do analfabetismo.

Estas foram as principais conclusões encontradas por G. C. Biswal no seu estudo e que estão relacionadas com o presente estudo no que diz respeito aos professores e à população tribal, bem como aos seus problemas educativos.

(2) Bijoy Laxmi Das (1988) no seu estudo sobre "A study of secondary school -

teachers' job satisfaction and job motivation in Cuttack District of Orissa".

Tentou descobrir a satisfação profissional e a motivação dos professores do ensino secundário.

Os seus objectivos consistiam em estudar o grau de satisfação profissional dos professores das zonas rurais e urbanas, com e sem formação, do sexo masculino e feminino, das escolas públicas e privadas e entre os professores do ensino secundário de diferentes idades.

Principais conclusões

Estudou o problema de forma muito eficiente e adequada e encontrou a seguinte percentagem através do cálculo do método estatístico e apresentou até que ponto a sua satisfação profissional estava relacionada com as categorias de professores secundários acima referidas:

    (i)   Professores rurais -   2,64%

    (ii)   Professores urbanos -   47 %

    (iii) Professores   formados-67 ,33%

    (iv) Professores sem   formação-20%

    (v)   Professores do sexo masculino-65%

    (vi) Professoras -   26%

    (vii) Professores do ensino público -77-6   %

    (viii) Professores de escolas privadas - 25,33%.

Estas foram as principais conclusões encontradas por B.L. Das em 1988 no seu estudo e tentou calculá-las em termos de percentagem com a ajuda de um método estatístico que está direta ou indiretamente relacionado com o presente estudo.

(3) Tarun Ranjan Majumdar (1988), após a apresentação do relatório da comissão do ensino secundário, no seu estudo sobre "O ensino secundário em Calcutá: A study of the total system". Tentou estudar as diferentes componentes do ensino secundário no distrito.

O objetivo do estudo era estudar o sistema de ensino secundário em relação às suas componentes significativas, como as escolas, os alunos, os professores, os encarregados de educação, o currículo, o calendário e o ambiente, etc.

Principais conclusões

Ele estudou o problema e encontrou as principais conclusões das escolas secundárias do Distrito em relação às suas componentes significativas. O investigador gostaria de apresentar as principais conclusões relacionadas apenas com o presente estudo:

(i) Não existia um ambiente de satisfação para o estudo das escolas secundárias, o que constituía uma causa significativa do seu progresso.

(ii) Faltavam também muitos requisitos relacionados com a sua educação.

(iii) O aspeto mais importante que constatou em relação aos professores foi o facto de a orientação e a sensibilização dos professores não acompanharem devidamente o processo de mudança, pelo que se registaram menos progressos nas escolas secundárias desse distrito específico.

(4) P.K. Mohanty (1990), no seu estudo sobre "A study of staff relations in secondary schools", tentou analisar a personalidade dos professores e a sua saúde mental.

O objetivo do estudo era estudar os factores de personalidade dos professores e a sua saúde mental em diferentes escolas secundárias no ano de 1990.

Principais conclusões
P.K. Mohanty, em 1990, encontrou as seguintes conclusões principais relacionadas com o estudo selecionado pelo presente investigador:

(i) Verificou que a análise indicava que alguns professores eram distribuídos, expeditos, suspeitos e indisciplinados em diferentes escolas secundárias.

(ii) Descobriu também que quase metade dos professores dos estudos de amostragem efectuados não eram saudáveis do ponto de vista mental.

Estas foram, portanto, as principais conclusões encontradas por P.K. Mohanty em 1990, diretamente relacionadas com o estudo selecionado pelo presente investigador.

(5) C.W. Kamau (1992) Ph.D. (Edn), Universidade de Punjab, no seu estudo sobre "Bornout, locus of control and mental of teachers in the eastern province of
Quénia". Tentou estudar a saúde mental dos professores na província oriental do Quénia.

O principal objetivo do estudo era estudar a saúde mental dos professores da província oriental do Quénia.

Principais conclusões
C.W. Kamau chegou às seguintes conclusões importantes relacionadas com a saúde

mental dos professores de diferentes sexos e localidades.

    (i)   Descobriu que, em comparação com as professoras, os professores do sexo masculino eram emocionalmente demasiado exigentes, exaustos, controlados internamente, ansiosos, insensíveis para com os alunos e pessoalmente realizados, mas menos capazes de estabelecer relações construtivas.

    (ii)   Também descobriu que, em comparação com os professores das zonas rurais, os professores das zonas urbanas estavam menos sobrecarregados emocionalmente, menos satisfeitos com o seu trabalho, mais controlados internamente, mas tinham um baixo nível de saúde mental.

    (iii)   Em comparação com os professores das escolas privadas, constatou que os professores das escolas públicas eram formados, casados, mais controlados internamente, menos ansiosos, menos emocionalmente exagerados e mais competentes.

Estas foram as principais conclusões encontradas por C.W. Kamau no seu estudo de 1992 sobre a saúde mental dos professores de diferentes localidades e sexos, que estão relacionadas com o presente estudo do investigador.

(6) **C. *Mohapatra (1992)*,** da Universidade de Utkal, no seu estudo sobre "Job stress, mental health and coping: A study on professionals", tentou estudar a saúde mental de pessoas de diferentes profissões.

O seu principal objetivo era estudar a saúde mental das pessoas ligadas a diferentes grupos profissionais.

Principais conclusões

C. Mohapatra estudou o seu problema no ano de 1992 para obter o grau de M.Phil. Na Universidade de Utkal, em Orissa, estudou a saúde mental de pessoas de diferentes grupos profissionais, como advogados, médicos, agentes da polícia, etc., e descobriu que havia diferentes dimensões de saúde mental entre os diferentes grupos profissionais.

(7) **U.R. *Ananthamurthy (2007)*** na sua declaração apresentada no "Manoroma Year Book - 2007" na edição "Education : Problems and Solutions", página 597 que é editada pelo chefe de redação K.M.

Mathew, indica claramente a saúde mental e a satisfação profissional dos professores na Índia.

Nesta edição, explicou que o professor tem um papel vital a desempenhar na sociedade para uma melhor educação e de acordo com as necessidades da sociedade. O mais importante é o facto de todos os professores do país deverem ser recrutados com base nos exames da função pública, que é a única forma de encontrar professores eficientes para o progresso dos alunos e do país. Tenta também explicar que, se os professores forem recrutados desta forma, a sua saúde mental será sem dúvida melhor, com uma melhor satisfação de colocação, o que resolveria vários problemas em todo o país e ambos os aspectos, como a qualidade e a quantidade da educação indiana, seriam aumentados de uma forma superior em comparação com os outros países vizinhos.

(8) *M.S.S. Bhagat (1988) Ph*.D. Education, Universidade de Punjab no seu estudo sobre

"Wastage of teacher's education in secondary schools of Nepal as related to intelligence, personality, vocational aspirations and attitude towards teaching of drop-outs from profession", tentou estudar a saúde mental e as aspirações vocacionais dos professores do ensino secundário do Nepal.

O objetivo do estudo realizado por este autor é investigar as causas do desperdício na formação de professores no que se refere à inteligência, às necessidades manifestas da personalidade, às aspirações vocacionais e à atitude em relação ao ensino, comparando os professores que "estudam" e os que abandonam a profissão docente.

Principais conclusões

No seu estudo, M.S.S Bhagat encontrou as seguintes conclusões principais

(i) Descobriu que o abandono escolar provém dos meios do nível socioeconómico mais elevado.

(ii) Constatou também que os professores têm menos interesse pela sua profissão.

(iii) Em comparação com os professores que "permanecem", os professores que abandonaram a escola tinham grandes aspirações profissionais e uma atitude favorável em relação à sua profissão.

(iv) Em comparação com os professores do sexo masculino e feminino, não encontrou diferenças significativas na sua atitude e nível de inteligência em relação ao ensino.

(v)   Constatou igualmente que a taxa de abandono escolar dos professores e das professoras não aumentou.

Estas foram, portanto, as principais conclusões encontradas por M.S. Bhagat no ano de 1988, que estão direta e indiretamente relacionadas com o presente estudo do investigador.

(9) Uma Sinha, M.S. yadav, P.S.S. Yadav, P.S.S. Bhasin (1983) Indian Educational Review, Vol. 18 (3) 46-61, no seu estudo "Development of an interest inventory" (Desenvolvimento de um inventário de interesses) tentaram estudar o interesse do grupo etário dos 15-18 anos e dos 18-25 anos pela colocação, orientação educativa e profissional e investigação.

O objetivo do estudo é desenvolver um inventário de interesses com duas formas - júnior e sénior - para os grupos etários 15-18 anos e 18-25 anos, respetivamente.

Principais conclusões

As principais conclusões encontradas pelos investigadores acima referidos, que estão relacionadas com o presente estudo do investigador, são as seguintes

Desenvolveram o inventário que está disponível para ser utilizado nos cursos de primeiro e segundo ciclos para efeitos de admissão, colocação, orientação escolar e profissional e investigação.

(10) Vigya Agrawal (1989), doutorada em Psicologia, Universidade de Kurukshetra, no seu estudo sobre "factores relacionados com a qualidade da vida profissional", tentou estudar os diferentes factores relacionados com a satisfação profissional na vida profissional.

O objetivo do estudo é descobrir a relação entre os factores organizacionais, os factores demográficos, as variáveis psicológicas e a satisfação das necessidades dos trabalhadores com a qualidade de vida no trabalho.

Principais conclusões

O estudo realizado por V. Agrawal no ano de 1989 para a obtenção do grau de Doutoramento em Psicologia encontrou muitos factores relacionados com a satisfação profissional das pessoas e, de entre esses, o principal foi encontrado por ela: a satisfação profissional era um indicador da qualidade da vida profissional, o que está relacionado com o estudo realizado pelo investigador neste momento.

(11) Brundaban Mishra e Banmali Patel (1990), Indian Educational Review, Vol.-25 (12), 86-90, no seu estudo sobre "student's linking towards their teachers: Effect of teacher behavior feedback". Tentaram explicar o comportamento dos professores em relação aos alunos e a sua satisfação em relação ao trabalho e à sua interação com os alunos.

Principais conclusões:

Estudaram o problema e chegaram às seguintes conclusões principais, que são necessárias para o presente estudo realizado pelo investigador:

(i)   Após o estudo, descobriram que os seus alunos gostavam muito deles.

(ii) Os alunos tiveram mais iniciativa, tal como constatado no estudo.

(iii) Descobriram que os professores se tornam mais respeitadores do seu ambiente.

(iv) No final, verificaram que houve uma boa interação entre alunos e professores.

(12) ***P. Sahu (2005)***, no seu estudo "A study on problems of tribal education in Maneswar Block of Sambalpur District, Orissa". tentou explicar os diferentes problemas da população tribal do referido bloco relacionados com a sua educação.

O seu objetivo era estudar os diferentes problemas educativos dos estudantes tribais, as instalações governamentais disponíveis, a atitude dos pais, dos professores e dos trabalhadores sociais em relação à sua educação, as actividades educativas e co-curriculares e as medidas para a sua melhoria a diferentes níveis.

Principais conclusões

O Sr. P. Sahu, no seu estudo realizado no ano de 2005 para obter o grau de Mestre em Educação no G.M. (Auto.) College, Sambalpur, Orissa, encontrou muitos problemas significativos relacionados com a educação dos estudantes tribais que é necessário explicar no presente estudo realizado pelo investigador:

(i)   A condição económica e a atitude dos pais foram os principais problemas da educação dos estudantes das tribos.

(ii) Descobriu que a maior parte das instalações do governo eram usufruídas pelos professores e que estes ameaçavam os alunos.

(iii) Não houve tratamento justo no que respeita aos procedimentos de admissão no bloco, constataram.

(iv) A constatação mais importante foi que os professores estavam a usufruir de todas as facilidades do governo oferecidas aos estudantes tribais. Aqui fica claro que eles não estavam satisfeitos com o salário dado pelo governo e também com a sua profissão.

(13) **B. Panda (2006)** M.A. (Educação) G.M. (Auto) College, Sambalpur em A Universidade de Sambalpur, Orissa, no seu estudo sobre "Mental health and placement of secondary school teachers of Burla town" (Saúde mental e colocação de professores do ensino secundário da cidade de Burla), tentou explicar a saúde mental dos professores do ensino secundário e a sua satisfação com a colocação em função da sua saúde mental na cidade de Burla, no distrito de Sambalpur.

O objetivo do estudo é estudar a saúde mental dos professores e professoras e a sua colocação e a relação entre a saúde mental e a colocação.

Principais conclusões

O estudo conduzido por B. Panda no ano de 2006 para o Mestrado em Educação, encontrou as seguintes conclusões principais após o estudo:

(i)   A autora encontrou um melhor estado de saúde mental nos professores do sexo masculino em comparação com as professoras.

(ii)   A autora não encontrou diferenças significativas no estado mental dos professores de ambos os sexos.

(iii)   Constatou também que os professores do sexo masculino tinham uma melhor situação de colocação em comparação com as professoras.

(iv)   No seu estudo, verificou que a saúde mental de ambas as categorias de professores estava positivamente correlacionada com o estatuto de colocação.

Estes foram os principais resultados encontrados por B. Panda no seu estudo e concluíram que as pessoas mentalmente saudáveis estão bem colocadas e vice-versa, o que é necessário discutir no presente estudo realizado pelo investigador.

(14) **Gupta (1980)** tentou estudar a satisfação profissional dos professores do ensino primário, do ensino secundário e do ensino superior. A amostra era constituída por 765 inquiridos do sexo masculino. Concluiu que os professores do ensino primário, secundário e superior estavam quase igualmente satisfeitos com o seu trabalho.

(15) **V.R. Reddy & Rama Krishna (1981)** revelaram no seu estudo que, entre 440 professores universitários de ambos os sexos, duas direcções e dois níveis

de professores, as mulheres estavam mais satisfeitas com o seu trabalho do que os homens. Além disso, os professores que trabalhavam em administrações privadas revelavam uma maior satisfação com o seu trabalho, não havendo diferenças significativas entre os professores seniores e juniores no que respeita à sua satisfação com o trabalho.

(16) ***Tripathy (1991)*** efectuou um estudo sobre a personalidade dos professores em comparação com a dos médicos e dos funcionários bancários. No seu estudo, verificou que a saúde mental de um indivíduo numa determinada profissão está intimamente ligada à sua personalidade.
Interpretado com a sua colocação.

(17) ***A.K. Mohanty & R.K. Pandey (1995)*** - A study of mental health and decision making capacity of higher secondary school principals, Ranchi, Journal of Psycho-cultural dimensions Vol. II (122).

Estudar a relação entre os estilos de tomada de decisão dos diretores e a saúde mental. A amostra era constituída por 80 diretores de escolas secundárias superiores. O instrumento utilizado para a recolha de dados foi testado com a média, o desvio padrão, o teste "t" e a correlação.

Principais conclusões

Os principais resultados foram os seguintes:

(i) Verificou-se uma correlação significativa e positiva entre cada uma das dimensões da tomada de decisão e a saúde mental.

(ii) Verificou-se que existia uma diferença entre a pontuação média da saúde mental com elevada e baixa capacidade de decisão.

(18) ***B.N. Panda, Nityananda Pradhan e H.K. Senapati (1996)*** estudam a satisfação profissional dos professores do ensino secundário em função da sua saúde mental, idade, sexo e direção da escola Indian journal of applied Psychology Vol. 33 (2), 94-100.

O objetivo do estudo era avaliar o efeito da saúde mental na satisfação profissional dos professores do ensino secundário, estudar o efeito da idade e do sexo na saúde mental dos professores do ensino secundário e estudar o efeito da gestão da escola na satisfação profissional dos professores do ensino secundário. A amostra do estudo era constituída por 102 professores (74 do sexo masculino e 28 do sexo feminino) que trabalhavam nas escolas secundárias de Koraput. A escala de saúde mental RCE e a escala de satisfação profissional de S.K. Anand foram os instrumentos utilizados no estudo.

Principais conclusões

As principais conclusões do estudo foram as seguintes

(i)   Os professores com saúde mental estavam significativamente mais satisfeitos com o seu trabalho do que os professores sem saúde mental.

(ii)   A saúde mental e a idade tiveram um efeito de interação significativo na satisfação profissional dos professores do ensino secundário.

(iii)   O sexo e a direção da escola não tiveram um efeito de interação significativo na satisfação profissional dos professores do ensino secundário.

(iv)   Não houve diferença significativa entre os professores do ensino secundário público e privado no que respeita à sua satisfação profissional.

(19)   Balaram Pradhan (2005): saúde mental e colocação dos professores do ensino primário que trabalham em escolas primárias de Inglês e Oriya. O estudo foi efectuado com 50 professores (25 de cada uma das escolas de Inglês e Oriya) do município de Sambalpur.

O objetivo do estudo era estudar a saúde mental e a colocação dos professores primários de ambas as categorias de escolas e a sua relação. A escala de saúde mental RCE desenvolvida por S.K. Anand e a escala de colocação desenvolvida por P.K. Tripathy foram utilizadas para o estudo.

Principais conclusões

As principais conclusões foram as seguintes: os professores das escolas primárias de língua inglesa têm uma saúde mental e uma colocação consideravelmente melhores do que os professores das escolas primárias de língua Oriya e os professores mentalmente saudáveis são bem colocados e vice-versa.

(20)   Nityananda Bhoi (2006), Mestre em Educação, G.M. Auto) College, Sambalpur da Universidade de Sambalpur, Orissa, no seu estudo sobre "Dificuldades de aprendizagem dos estudantes tribais do ensino secundário do 19. Enclave of Lakhanpur Block in Jharsuguda District", tentou estudar os problemas de aprendizagem dos estudantes tribais do ensino secundário no distrito de Jharsuguda.

O seu objetivo era estudar os problemas das crianças tribais, as suas dificuldades de aprendizagem no nível secundário e sugerir um ensino de enriquecimento e de recuperação.

Principais conclusões

O estudo conduzido por ele revelou as seguintes dificuldades para os estudantes tribais do ensino secundário no distrito

(i)   Verificou-se que as crianças das tribos beneficiam menos da escola geral.

(ii)   Descobriu que os alunos das tribos não tinham competências linguísticas e de leitura suficientes.

(iii)   As crianças tribais apresentam deficiências comunicativas no desempenho académico.

(iv)   A conclusão mais importante a que chegou foi que havia falta de professores tribais no distrito para uma melhor educação dos alunos tribais.

(v)   Também não encontrou mais escolas tribais no Distrito.

Estes foram os principais resultados encontrados por N. Bhoi no seu estudo de 2006, que concluiu que os estudantes tinham problemas financeiros.

Os estudos acima referidos indicam que a maior parte dos estudos se debruçou sobre a saúde mental e a satisfação profissional separadamente, mas foram efectuados muito poucos estudos, especialmente sobre a relação entre a saúde mental e a colocação dos professores do ensino secundário tribal. A literatura relacionada acima mencionada revela o facto de as duas variáveis, saúde mental e colocação dos professores, se afectarem mutuamente. Por isso, o investigador deu o seu melhor para estudar a saúde mental e a colocação dos professores tribais do ensino secundário do distrito de Jharsuguda.

2.2 Fundamentação do estudo

Cada estudo tem uma especialidade e objectivos específicos. Todos os trabalhos de investigação são efectuados em diferentes áreas com o objetivo de descobrir novos conhecimentos. A este respeito, após o estudo da literatura acima referida, o investigador não encontrou ninguém para investigar nesta área e, até hoje, não existe um conhecimento e uma ideia claros sobre a saúde mental e a colocação dos professores, particularmente no nível secundário. Para evitar as conclusões contraditórias de investigadores anteriores, o investigador estudou o presente estudo, que constitui um problema completamente ou absolutamente novo e específico.

Capítulo III
Método e procedimento
3.1 Amostra

Todos os elementos considerados em qualquer domínio de investigação constituem um
"universo" ou "população". O investigador seleciona apenas alguns itens do universo para efeitos de estudo. Os elementos assim selecionados constituem o que tecnicamente se designa por amostra.

É muito difícil, demorado e dispendioso estudar toda a população. Por isso, o investigador seleciona algumas amostras que representam a população para realizar a investigação. Existem vários métodos de seleção de uma amostra. Por conseguinte, a amostragem é uma etapa importante e essencial da investigação para um investigador. No presente estudo, o investigador selecionou aleatoriamente 40 professores tribais do ensino secundário de diferentes escolas do distrito de Jharsuguda como amostra representativa de toda a área tribal para estudar a sua saúde mental e a sua colocação.

3.2 Ferramentas

Para recolher novos factos, cada investigador precisa de determinados instrumentos. Esses instrumentos são conhecidos como ferramentas que levam a cabo a investigação do investigador. Para a recolha de dados relevantes, para o estudo de qualquer problema, são utilizados vários tipos de instrumentos. Para o presente estudo, foram selecionados os seguintes instrumentos:

(i) Escala de saúde mental desenvolvida pelo Dr. S.P. Anand e

(ii) Escala de colocação, desenvolvida pelo Dr. P.K. Tripathy.

(i) Saúde mental

A escala foi desenvolvida pelo Dr. S.P. Anand, antigo professor de Educação, Instituto Regional de Educação, Bhubaneswar. A escala de tipo Likert é constituída por 60 afirmações, 20 positivas e 40 negativas. O número de série das afirmações positivas é o seguinte: 1, 2, 3, 8, 9, 14, 18, 20, 21, 27, 29, 32, 37, 45, 50, 51, 53, 54 e 60.

O número de série das declarações negativas é : 4, 5, 6, 7, 10, 11, 12, 13, 15, 16, 17, 19, 22, 23, 24, 25, 26, 28, 30, 31, 33, 34, 35, 36, 38, 39, 40, 41,

42, 43, 44, 46, 48, 49, 52, 55, 56, 57, 58 e 59.

As 60 afirmações são novamente classificadas em seis dimensões. A ilustração seguinte dá uma ideia clara das várias dimensões:

Dimensões	N.º de série das declarações	N.º do declarações	Pontuação da saúde mental
(1) Auto-conceito	+5 4 - 13, 16, 35, 55, 59	6	24
(2) Conceito de vida	+ 18, 15 - 6, 11, 22, 42, 43, 44, 49, 52, 56	11	44
(3 Perceção de) auto entre outros	+ 14, 20, 27, 37, 50, 60 - 5, 10, 15, 25, 26, 30, 33, 36, 46	15	60
(4 Perceção de) outros	+ 1, 2, 3, 29, 32 - 23, 38, 39, 40	9	36
(5) Pessoal) ajustamento	+ 8, 51, 53 - 12, 17, 24, 48, 59	8	32
(6) Registo de resultados	+ 9, 21, 47 -19 4, 7, , 28,31,34, 41, 58	11	44
Total		**60**	**240**

A fiabilidade e a validade da escala foram estabelecidas da seguinte forma:
Fiabilidade (classificação do teste) = 0,88
Validade (split-half) = 0,79

A ordem de pontuação

A ordem de pontuação para as afirmações positivas e negativas é de 4, 3, 2, 1, 0 e 0, 1, 2, 3, 4 para SA, A, UD, D, SD, respetivamente. A escala de cinco pontos é utilizada neste estudo pelos investigadores -

SA-Concordo plenamente

A-Acordo

UD-Indeciso

D - Não concordo

SD - Discordo totalmente.

(ii) Escala de colocação

Neste caso, o investigador também utilizou uma escala de tipo Likert para o estudo e a análise, desenvolvida pelo Dr. P.K. Tripathy. Esta escala contém 60 afirmações, das quais 30 são positivas e 30 são negativas.

O número de série de afirmações positivas é - 6, 7, 8, 10, 12, 13, 14, 15, 17, 18, 21, 22, 23, 29, 35, 36, 39, 41, 42, 44, 46, 49, 52, 53, 54, 56, 57, 59 e 60.

O número de série das afirmações negativas é - 1, 2, 3, 4, 5, 9, 11, 16, 19, 20, 24, 25, 26, 27, 28, 30, 31, 32, 33, 34, 37, 38, 40, 43, 45, 47, 48, 50 e 55.

Estas 60 afirmações estão igualmente distribuídas por cinco dimensões, como se indica a seguir:

Dimensões	N.º de série declarações de	N.º das declarações	Colocação pontuação
1		3	4
(1) Pessoal	+ 13, 14, 39, 42, 44, 54 - 28, 33, 34, 40, 45, 47	12	48
Trabalho (2) condição	+ 6, 12, 53, 57, 58, 60 - 1, 20, 25, 32, 43, 48	12	48

(3) Estatuto social	+ 7, 18, 22, 23, 35, 36 - 9, 11, 19, 24, 27, 31	12	48
(4) n Administração	+ 8, 15, 21, 29, 41, 49 - 2, 4, 5, 26, 37, 51	12	48
Monetário (5) Benefícios	+ 10, 17, 76, 52, 56, 59 - 3, 16, 30, 38, 50, 55	12	48
Total		60	240

A fiabilidade e a validade da escala foram estabelecidas da seguinte forma

Fiabilidade -=

(Teste-reteste)   0,73

Validade - (Split= metade)   0,90

A ordem de pontuação

A ordem de pontuação para as afirmações positivas e negativas é de 4, 3, 2, 1, 0 e 0, 1, 2, 3, 4 para SA, A, UD, D, SD, respetivamente. Também aqui o investigador utilizou uma escala de 5 pontos como

o seguinte

SA - Concordo totalmente

A-Acordo

UD-Indeciso

D-Discordo
Discordo totalmente
SD-Discordo .

3.3 Conceção do estudo

Em geral, o método de estudo significa o método pelo qual o investigador é conduzido. Assim, a decisão ou a fixação do método ou da conceção da investigação é um dos trabalhos mais importantes e essenciais em qualquer investigação relativa ao problema, antes de realizar a investigação. Os factos não se encontram para além da planície do explorador. A vida social e educativa dinâmica é demasiado heterogénea para que seja difícil recolher dados e outras informações. A diversidade e a complexidade da vida social conduzem ao erro e à ilusão nas nossas tentativas de a compreender, pelo que é necessário aplicar o método científico, que consiste em utilizar um procedimento para um trabalho sistemático, mas é necessário um plano inicial.

3.4   Método de estudo

O método de estudo seguido pelo investigador é do tipo inquérito. O investigador aplicou pessoalmente os instrumentos acima referidos, contactando os respectivos professores das diferentes escolas tribais do distrito de Jharsuguda em estudo. Todos os professores foram informados sobre os instrumentos e a forma de responder aos vários itens desses instrumentos. Foi-lhes assegurado que as suas respostas seriam mantidas confidenciais e, sempre que necessário, foram prestados atempadamente alguns esclarecimentos solicitados pelo inquirido. Depois de os instrumentos terem sido aplicados, o investigador procedeu a uma avaliação manual para conhecer as pontuações individuais dos inquiridos em cada instrumento.

3.5   Técnicas estatísticas

As técnicas estatísticas no domínio da investigação para a interpretação e análise dos dados têm um papel significativo. As pontuações brutas obtidas após a avaliação das respostas não têm qualquer significado e são muito difíceis de analisar comparativamente. Assim, para facilitar a análise e a interpretação dos dados recolhidos, o investigador utilizou cálculos estatísticos como a tendência central, o desvio padrão, o teste "t", o SEM, a diferença média, o coeficiente de correlação e efectuou comparações entre diferentes variáveis, de acordo com a hipótese declarada no estudo.

3.6   Procedimento de recolha de dados

A recolha de dados é uma parte essencial de qualquer trabalho de investigação efectuado pelo investigador. No entanto, devem ser recolhidos de acordo com um procedimento especial, a partir de várias fontes. Todos os dados necessários para o estudo são recolhidos pelo investigador a partir de duas fontes.

Para o presente estudo, o investigador recolheu todos os dados fisicamente junto de diferentes professores de escolas secundárias tribais do distrito de Jharsuguda. Em primeiro lugar, o investigador encontrou-se com o diretor das instituições e obteve autorização para recolher dados, fornecendo um questionário a cada professor, de acordo com as necessidades do estudo, e, no final, o investigador agradeceu a todos os professores em causa a sua resposta.

Capítulo IV
Análise e interpretação dos dados

4.1 Análise e interpretação

Os dados, enquanto tal, só têm significado se forem analisados e interpretados através de um método estatístico. Após a recolha de dados, estes devem ser processados e analisados para que se possam tirar as devidas conclusões. Por muito válidos e fiáveis que sejam os dados, não garantem qualquer objetivo útil se não forem cuidadosamente editados, sistematicamente classificados e tabulados, significativamente analisados, inteligentemente interpretados e racionalmente conduzidos.

4.2 Plano de análise

A análise dos dados consiste em dividir factores complexos em partes mais pequenas e colocá-los numa nova disposição para efeitos de interpretação. A análise e a interpretação dos dados foram feitas de forma objetiva para uma interpretação conveniente e sistemática. Foram utilizadas medidas estatísticas adequadas para a interpretação científica dos dados. Segue-se o plano de análise para cada objetivo:

Objetivo -1:

"Estudar a diferença entre os professores do ensino secundário tribal do sexo masculino e feminino no que respeita à saúde mental."

    (i)   Estudar o valor da tendência central, DP da pontuação da saúde mental dos professores do ensino secundário tribal.

    (ii)   Significância da diferença entre a pontuação da saúde mental dos professores do ensino secundário tribal do sexo masculino e feminino.

    (iii)   Análise comparativa do estado de saúde mental dos professores do ensino secundário tribal, de ambos os sexos, segundo seis dimensões da escala de saúde mental.

    (iv)   O teste 't' entre as duas categorias de professores mentalmente saudáveis e não saudáveis.

Objetivo - 2:

"Estudar a diferença entre o secundário tribal masculino e o feminino professores do ensino secundário no que respeita à colocação"

(i)   Estudo do valor da tendência central, DP das classificações de colocação dos professores do ensino secundário tribal.

(ii)   Significância da diferença entre as classificações de colocação dos professores do ensino secundário tribal do sexo masculino e feminino.

(iii)   Análise comparativa da colocação de ambas as categorias de professores de escolas secundárias tribais em cinco dimensões da escala de colocação.

(iv)   O teste "t" entre as duas categorias de professores bem colocados e não bem colocados.

Objetivo - 3:

"Estudar a relação entre a saúde mental e a colocação de professores do ensino secundário tribal".

(i) Coeficiente de correlação entre a saúde mental e as classificações de colocação de ambas as categorias de professores.

4.3 Tabulação

A saúde mental e a colocação de ambas as categorias de professores são Analisado da seguinte forma, em termos de tabela:

Saúde mental dos professores:

Os dados recolhidos e tabulados de acordo com as linhas do plano de análise acima

Pode ser interpretado da seguinte forma:

Quadro - 4.1

Valores de tendência central e pontuação de saúde mental SD de professores do ensino secundário tribais do sexo masculino e feminino

Professores	N	Média	Mediana	Modo	SD
Professores do sexo masculino	26	149.42	150.00	151.52	16.77
Professoras	14	149.57	152.50	158.36	2.42
Total	40	298.99	302.50	309.88	49.19

O quadro 4.1 mostra que as pontuações de saúde mental dos professores de ambos os tipos de professores em estudo seguem um padrão de distribuição normal. A pontuação média de saúde mental (149,57) das professoras do ensino secundário tribal continua a ser elevada, ao passo que, no caso dos professores do sexo masculino, é baixa (149,42). Pode interpretar-se aqui que as professoras do ensino secundário tribal têm, comparativamente, um melhor estado de saúde mental do que os seus homólogos do ensino secundário tribal.

Quadro - 4.2

Significância da diferença média entre a pontuação da saúde mental dos professores do ensino secundário tribal do sexo masculino e feminino

Professores	N	Diferença média	SEM	't' valor	Nível de significado	
					.05	.01
Professores do sexo masculino	26					
		0.15	6.28	0.02	Não significativo	Não significativo
Feminino professores	14					

Pode ser analisado a partir do quadro acima que o valor 't' obtido, ou seja, 0,02, é inferior ao valor da tabela ao nível de 0,05 e 0,01, com uma diferença de 38. Por conseguinte, a diferença entre as duas médias não é significativa e a diferença de 0,15 deve-se ao acaso, mas não à mentalidade

saúde mental dos professores. Assim, pode concluir-se que tanto os professores do ensino secundário tribal do sexo masculino como do sexo feminino têm a mesma saúde mental. Assim, mantém-se a hipótese nula, ou seja, que não existe diferença significativa entre os professores do ensino secundário de ambos os sexos no que respeita à saúde mental.

Quadro - 4.3

Comparação da pontuação de saúde mental de ambas as categorias de professores em seis dimensões da sua escala de saúde mental

Professores	N	Média das pontuações de saúde mental em várias dimensões					
		I	II	III	IV	V	VI
Masculino professores	26	13.96	28.65	37.00	22.07	20.03	24.61
Professoras	14	15.28	26.85	37.42	23.71	16.21	22.00

	Dimensões	<u>Total</u> <u>Pontuações</u>
I.	Auto-conceito	24
II.	Conceito de vida	44
III.	Perceção de si próprio entre outros-	60
IV.	Perceção dos outros -	36
V.	Ajustamento pessoal -	32
VI.	Registo de realizações -	44
	Pontuação total geral =	240

O quadro 4.3 indica que a primeira dimensão, que é o "auto-conceito", enquanto caraterística da personalidade dos professores do ensino secundário tribal do sexo masculino e feminino, não difere muito. As pontuações médias de saúde mental nesta dimensão são, respetivamente, 13,96 e 15,28. Mas as professoras apresentam uma melhor pontuação mental média do que os professores, no que diz respeito à dimensão - II, 'conceito de vida', com a pontuação de 26,85 e 28,65, respetivamente. Por outro lado, no que diz respeito à 'perceção de si próprio em relação aos outros' (dimensão -

III), existe uma pequena diferença de 37,42 e 37,00, respetivamente. A posição relativamente à dimensão - IV "perceção dos outros" revela que as professoras apresentam uma melhor saúde mental do que os seus homólogos do sexo masculino. Na dimensão - V, os professores do sexo masculino revelam um melhor ajustamento pessoal com a pontuação média (20,03) do que as professoras (16,21). Os professores do sexo masculino apresentam um melhor estado de saúde mental na última dimensão - VI, "registo de realizações", com 24,61 pontos, em comparação com as professoras (22,00).

Após a discussão anterior, pode concluir-se que as professoras gozam de um melhor estado de saúde mental em comparação com os professores no que respeita às dimensões I, III e IV. Assim, pode interpretar-se que as professoras gozam de um melhor estado de saúde mental do que os professores.

Quadro - 4.4

Ambas as categorias de professores, mentalmente saudáveis e não saudáveis

Professores	N	Mentalmente saudável	%	Mentalmente insalubre	%
Professores do sexo masculino	26	26	100%	0	0%
Professoras	14	12	85.71%	2	14.29%

No entanto, na tabela 4.3, relativamente a várias dimensões, o estado de saúde mental das professoras é bastante bom, apenas nas pontuações médias encontradas pelo investigador. Mas, simultaneamente, o investigador constatou que os professores do sexo masculino são muito melhores em termos de estado de saúde mental do que as suas homólogas do sexo feminino (100%) e (85,71), respetivamente, após a análise estatística. Por outro lado, na tabela 4.4. acima, verificou-se que 0% dos professores do sexo masculino não tinham saúde mental e 14,29% das professoras não tinham saúde mental. Mas esta diferença não é significativa quando testada e verificada pela medida estatística do teste 't' (Ref - 4.2).

No entanto, os dois termos "mentalmente saudável" e "não saudável" são pontos extremos de consideração, no que diz respeito ao conceito que é abstrato e subjetivo. Por conseguinte, o investigador fez uma divisão operacional de cinco pontos de saúde mental, que mostra o grau e a magnitude do nível de saúde mental, tomando em consideração a pontuação média total e o desvio padrão. Foram encontrados os seguintes cinco tipos de estado de saúde mental dos professores, que se encontram num ponto de continuidade.

Quadro - 4.5

Tipos de estado de saúde mental

Categorias	Níveis	Gama de pontuações de saúde mental
I	Melhor	Acima de 201
II	Acima da média	161 a 200
III	Média	121 a 160
IV	Abaixo da média	81 a 120
V	Pobres	Inferior a 80

Com base nos níveis de saúde mental (quadro 4.5) de ambas as categorias de professores, foi efectuada uma análise adequada e apurada a percentagem no quadro 4.4.

Quadro - 4.6

Categorias de saúde mental

Professores	Categorias de saúde mental					Total
	I	II	III	IV	V	
Professores do sexo masculino	0	5	21	0	0	26
Professoras	0	4	8	2	0	14
Total	0	9	29	2	0	40

O quadro 4.6 mostra que os professores do ensino secundário tribal do sexo masculino são consideravelmente melhores em todos os níveis do continuum de saúde mental. Não existe um melhor estado de saúde mental em ambas as categorias de professores, mas os professores do sexo masculino são mais numerosos nas categorias acima da média e média do que as professoras. Há 2 professoras que se encontram na categoria abaixo da média.

categoria média. Assim, pode interpretar-se que os professores do sexo masculino gozam comparativamente de um melhor estado de saúde mental em diferentes tipos de níveis de estado de saúde mental.

Teste da hipótese:

"Não há diferenças significativas entre os professores do ensino secundário do sexo masculino e feminino no que respeita à sua saúde mental."

Depois de toda a discussão acima referida em diferentes parágrafos, é evidente que 100% dos professores do sexo masculino são mentalmente saudáveis, contra 85,71% das professoras das escolas secundárias tribais (Ref. - Quadro 4.4). Mas a análise estatística, o valor 't' (Ref - tabela 4.2) é insignificante e não mostra qualquer diferença significativa entre os professores do sexo masculino e feminino das escolas secundárias tribais no que respeita ao seu estado de saúde mental. Assim, o investigador tem de manter a hipótese nula (H0).

Colocação de professores

Quadro - 4.7

Valor da tendência central, DP das classificações de colocação dos professores do ensino secundário tribal do sexo masculino e feminino

Professores	N	Média	Mediana	Modo	SD
Professores do sexo masculino	26	140.73	132.50	116.04	21.62
Professoras	14	140.28	133.00	118.44	24.36
Total	40	281.01	265.50	234.48	45.98

É evidente na tabela - 4.7 que as pontuações de colocação em termos de média, mediana e moda mostram uma distribuição normal das pontuações. A pontuação média de colocação vai a favor dos professores do sexo masculino, com a pontuação de 140,73, em comparação com a das professoras (140,28). Pode interpretar-se aqui que não há mais diferença na pontuação média de colocação e que ambas as categorias de professores estão bem colocadas e têm maior satisfação no trabalho.

Quadro - 4.8

Significância da diferença média entre as classificações de colocação dos professores do ensino secundário tribal do sexo masculino e feminino

Professores	N	Média Diferença	SEM	't' valor	Nível de significância	
					.05	.01
Professores do sexo masculino	26	0.45	7.36	0.06	Não	Não
Feminino professores	14				significativo	significativo

O quadro indica que existe uma diferença insignificante entre as classificações de colocação dos professores de escolas tribais do sexo masculino e feminino, apesar de haver uma pequena diferença nas classificações médias. Em ambos os níveis .05 e .01, o valor 't' 0,06 é insignificante.

Quadro - 4.9

Comparação das classificações médias de colocação de ambas as categorias de professores em cinco dimensões da escala de colocação

Professores	N	Pontuações médias de colocação em várias dimensões				
		I	II	III	IV	V
Professores do sexo masculino	26	27.19	29.53	25.57	25.69	24.96
Professoras	14	28.78	27.07	26.28	29.21	27.85

Dimensões	Pontuações totais

I.	Fator pessoal	$\overline{48}$
II.	Estado de funcionamento	$\overline{48}$
III.	Prestações sociais	$\overline{48}$
IV.	Administração-	48
V.	Benefícios monetários-	48
	Pontuação total geral =	240

A tabela acima mostra que a pontuação média de colocação é elevada para as professoras nas dimensões I, II, III, IV e V, em comparação com os seus homólogos masculinos. Analisa a boa posição das professoras e a sua maior satisfação profissional no que diz respeito aos factores pessoais, sociais, administrativos e monetários. Mas as condições de trabalho não influenciam a sua satisfação profissional. Pelo contrário, os professores do sexo masculino têm uma satisfação profissional um pouco melhor no que diz respeito às condições de trabalho, como dimensão da escala de colocação. No entanto, no conjunto deste quadro, as professoras sentem-se de facto bem colocadas em comparação com os seus homólogos do sexo masculino.

Quadro - 4.10

Ambas as categorias de professores bem colocados e mal colocados

Professores	N	Bem localizado	%	Não está bem colocado	%
Professores do sexo masculino	26	22	86.61%	4	15.39%

| Professoras | 14 | 12 | 85.71% | 2 | | 14.29% |
| total | 40 | 34 | | 6 | | |

A tabela revela que cerca de 84,61% dos professores do sexo masculino e 85,71% das professoras estão bem colocados, respetivamente. Da mesma forma, 15,39% dos professores e 14,29% das professoras não estão bem colocados. Esta posição indica claramente que as professoras estão bem colocadas e têm uma melhor satisfação profissional em comparação com os seus homólogos do sexo masculino.

Aqui também, como a saúde mental foi pontuada, o investigador fez uma divisão de cinco pontos e calculou as pontuações de colocação de ambas as categorias de professores, o que mostra o grau e a magnitude do nível de pontuação de colocação, tomando em consideração as pontuações médias totais e o desvio padrão. Os cinco tipos de colocação ou de satisfação profissional dos professores que se seguem foram os seguintes

Quadro - 4.11
Tipos de ajustamento de colocação

Categorias	Níveis	Gama de classificações de colocação
I	Melhor	Acima de 201
II	Acima da média	161 a 200
III	Média	121 a 160
IV	Abaixo da média	81 a 120
V	Pobres	Inferior a 80

Com base nestes níveis acima referidos, o investigador analisou a satisfação profissional de ambas as categorias de professores.

Quadro - 4.12
Categorias de colocação

Professores	Categorias de saúde mental	Total

	I	II	III	IV	V	
Professores do sexo masculino	0	5	17	4	0	26
Professoras	0	4	8	2	0	14
Total	0	9	25	6	0	40

A partir do quadro acima, observa-se claramente que os professores do ensino secundário tribal do sexo masculino têm uma melhor satisfação profissional em comparação com as suas homólogas do sexo feminino. Em todas as categorias de níveis, os professores do sexo masculino superam o número máximo de professores do sexo feminino, como nas categorias de nível II, III e IV. Embora das 26 amostras apenas 4 estejam abaixo do nível médio, no nível médio e acima do nível médio os professores do sexo masculino superam o número máximo.

No entanto, ao considerar a diferença estatística e o nível de significância através do teste 't' (Ref - tabela 4.8), verifica-se que não existe qualquer diferença entre os professores do ensino secundário tribal do sexo masculino e feminino no que respeita à sua colocação.

Teste da hipótese:

"Não existe uma diferença significativa entre os professores do ensino secundário tribal do sexo masculino e feminino no que respeita à sua colocação."

Como já foi referido, é evidente que 85,71% das professoras estão bem colocadas, ao passo que, pelo contrário, cerca de 84,61% dos professores estão bem colocados (Ref. - Quadro 4.10). Este facto foi ainda apoiado pela análise estatística, como se pode ver no quadro 4.8, uma vez que o valor 't' é insignificante, mostrando que não há diferença entre os professores do ensino secundário tribal do sexo masculino e feminino no que diz respeito à sua colocação. Assim, o investigador tem de manter a hipótese nula.

Quadro - 4.13

Estudo comparativo da saúde mental e da colocação das duas categorias de professores

categoria	Mentalida de saudável	%	Doente mental y	%	Bem colocad o d	%	Não está bem colocado	%
Masculino	26	100	0	0%	22	84.61 %	4	15.39%
Feminino	12	85.71 %	2	14.29 %	12	85.71 %	2	14.29%
Coeficiente de correlação			r = 0.98					

A tabela indica que 100% dos professores do sexo masculino são mentalmente saudáveis e 84,61% estão bem colocados. Apesar de 100% dos professores do sexo masculino serem mentalmente saudáveis, 15,39% deles não estão bem colocados. Do mesmo modo, 85,71% das professoras são mentalmente saudáveis e estão bem colocadas, enquanto cerca de 14,29% das professoras não são mentalmente saudáveis e também não estão bem colocadas.

Além disso, a partir da análise do diagrama de dispersão, tendo em conta as pontuações individuais de todos os professores sobre saúde mental e colocação, verifica-se que existe um elevado nível positivo de correlação entre a saúde mental e a colocação de ambos os tipos de professores, independentemente do sexo, sendo o seu 'r' de 0,98. Pode interpretar-se que a colocação dos professores é independente do facto de serem mentalmente saudáveis ou não.

Teste da hipótese:
"A saúde mental dos professores do ensino secundário tribal não está associada à sua colocação."

Os resultados, após o cálculo do coeficiente de correlação (r), vão contra a hipótese nula. Por conseguinte, rejeita-se a hipótese nula, afirmando que existe uma relação positiva entre a saúde mental e a colocação dos professores do ensino secundário tribal do sexo masculino e feminino do distrito de Jharsuguda.

Por outras palavras, pode concluir-se que aqueles que são mentalmente saudáveis estão também bem colocados na sua profissão e vice-versa.

Resumo e conclusões

Introdução

O progresso e o desenvolvimento de uma nação dependem em grande medida do processo educativo do país. Porque é a educação que molda o carácter da futura geração que vai fazer o destino da nação. Todo o desenvolvimento da personalidade da criança depende do professor e é também uma grande responsabilidade para ele. Assim, todo o processo educativo gira em torno do professor. Para que o processo de ensino-aprendizagem seja eficaz, é necessário um professor eficiente e só ele pode moldar a personalidade de uma criança. Assim, para que todas estas tarefas responsáveis possam ser realizadas, o professor deve ter uma boa saúde mental e estar satisfeito com a sua profissão. Se não for bom, prejudica muito a nação. Nunca poderá dar uma orientação adequada aos alunos. Assim, pode dizer-se que, no programa escolar, o professor ocupa um papel vital.

A saúde mental e a colocação estão inter-relacionadas. Quando um professor é mentalmente saudável e está bem colocado, como se costuma dizer, melhor adaptado a um emprego, sem dúvida que a criatividade surgirá espontaneamente. Por outras palavras, estas duas variáveis têm um efeito significativo em todo o processo educativo.

Título do estudo

O presente estudo realizado pelo investigador intitula-se -

"SAÚDE MENTAL E COLOCAÇÃO DE PROFESSORES DE ESCOLAS SECUNDÁRIAS TRIBAIS DO DISTRITO DE JHARSUGUDA".

A justificação

Cada estudo tem uma especialidade e objectivos específicos. Todos os trabalhos de investigação são realizados em diferentes domínios, a fim de descobrir novos conhecimentos. Neste sentido, o investigador escolheu este problema de estudo para evitar resultados contraditórios entre as duas variáveis saúde mental e colocação e a sua relação. Este estudo é algo de diferente e absolutamente novo realizado pelo atual investigador.

Objetivo do estudo

Os principais objectivos do presente estudo são os seguintes

(i)   Descobrir a diferença entre os professores do ensino secundário tribal do sexo masculino e feminino no que respeita à saúde mental.

(ii)   Descobrir a diferença entre os professores do ensino secundário tribal do sexo masculino e feminino no que respeita à sua colocação.

(iii)   Estudar a relação entre a saúde mental e a colocação de ambas as categorias de professores.

Hipótese

Tendo em conta os objectivos do estudo, o investigador formulou a seguinte hipótese a ser testada:

(i)   Não existe uma diferença significativa entre os professores do ensino secundário tribal do sexo masculino e feminino no que respeita à sua saúde mental.

(ii)   Não existe uma diferença significativa entre os professores do ensino secundário tribal do sexo masculino e feminino no que respeita à sua colocação.

(iii)   A saúde mental dos professores do ensino secundário tribal não está associada à sua colocação.

Amostra

No presente estudo, o investigador recolheu 40 amostras de professores do ensino secundário tribal, que representam a imagem de toda a população de diferentes escolas do distrito de Jharsuguda. O investigador selecionou todas as amostras de forma aleatória para o presente estudo e deu início à investigação.

Delimitação

Seguem-se algumas limitações do presente estudo:

(i)   Este estudo abrangeu apenas um único bloco de um distrito.

(ii)   São selecionadas 10 escolas de um distrito.

(iii)   De entre os muitos professores, apenas 40 professores (26 homens e 14 mulheres) foram selecionados para o estudo.

(iv)   O objetivo do estudo está circunscrito ao estudo da saúde mental e da colocação de professores do ensino secundário tribal.

(v)   Todos os dados foram recolhidos através de um questionário.

(vi)   Este estudo limita-se apenas a uma zona tribal.

Ferramentas

Neste estudo, são utilizadas as duas escalas padronizadas seguintes:

(i)   RCE - Escala de Saúde Mental, desenvolvida pelo Dr. S.P. Anand (Anexo I)

(ii)   Escala de colocação, desenvolvida pelo Dr. P.K. Tripathy (Anexo-II)

Procedimento de recolha de dados

O investigador aplicou as duas escalas padronizadas acima mencionadas a 40 professores de escolas secundárias tribais do distrito de Jharsuguda e contactou pessoalmente os respectivos professores abrangidos pelo estudo. Em seguida, o investigador procedeu à pontuação manual das escalas mencionadas anteriormente.

Principais conclusões

Após a análise e interpretação dos dados, o investigador chegou às seguintes conclusões com este estudo:

(i)   Os professores do ensino secundário tribal do sexo masculino gozam de um melhor estado de saúde mental do que as suas congéneres do sexo feminino.

(ii)   As pontuações de saúde mental de ambas as categorias de professores seguem um padrão de distribuição normal.

(iii)   Não existe uma diferença significativa entre os professores do ensino secundário tribal do sexo masculino e feminino relativamente ao seu estado de saúde mental.

(iv)   Os professores do ensino secundário tribal do sexo masculino apresentam um melhor estado de saúde mental nas dimensões "conceito de vida", "ajustamento pessoal" e "registo de realizações". Já as mulheres apresentam um melhor estado de saúde mental nas dimensões "auto-conceito", "perceção de si entre os outros" e "perceção dos outros" da escala de saúde mental.

(v)   Em diferentes níveis de estado de saúde mental, os professores do sexo masculino têm melhor saúde mental em comparação com as professoras.

(vi)   Em comparação com os professores do ensino secundário tribal masculino, as professoras estão bem colocadas no máximo.

(vii)   Em termos de interpretação estatística, verifica-se que não existe uma diferença significativa entre as duas categorias de professores relativamente à sua colocação.

(viii)   As classificações de colocação também seguem um padrão de distribuição normal.

(ix)   Em diferentes dimensões, como "fator pessoal", "benefícios sociais", "administração" e "benefícios monetários", as professoras do ensino secundário tribal mostram-se mais bem colocadas, ao passo que apenas na dimensão única "condições de trabalho" os professores do sexo masculino se mostram mais bem colocados na escala de colocação.

(x)   O estado de saúde mental de ambas as categorias de professores está positivamente correlacionado com o seu estatuto de colocação.

Por outras palavras, pode dizer-se que os professores mentalmente saudáveis estão bem colocados e vice-versa.

Sugestões para estudos futuros

(i)   Os estudos podem ser efectuados nos níveis primário e secundário superior.

(ii)   Podem ser realizados estudos sobre temas como o efeito do estatuto socioeconómico, do desempenho académico e da inteligência na saúde mental.

(iii)   Podem ser efectuados estudos sobre temas como o efeito da qualificação, da experiência e do sexo em diferentes dimensões da colocação de um professor.

(iv)   Podem ser efectuados estudos sobre professores pertencentes a zonas urbanas e tribais.

(v)   Podem ser efectuados estudos sobre as diferentes categorias de professores na sociedade, relacionados com a sua saúde mental e colocação.

(vi)   Podem ser realizados estudos semelhantes sobre a influência do ambiente familiar e dos factores hereditários na saúde mental dos professores.

(vii)   Podem ser realizados estudos sobre os professores pertencentes aos sectores privado e público relacionados com a sua saúde mental e colocação.

(viii)   Podem ser efectuados estudos semelhantes sobre a influência do clima e da gestão da escola na saúde e na colocação dos professores.

(ix)   Podem ser efectuados estudos sobre a influência do comportamento dos membros da sociedade na saúde mental e na colocação dos professores.

(x)   Podem ser efectuados estudos semelhantes sobre a influência dos sonhos anteriores na saúde mental e no posicionamento dos professores.

(xi)   Podem ser efectuados estudos sobre a influência da corrupção na saúde mental e na colocação dos professores.

Conclusão

Para o desenvolvimento e a manutenção da qualidade e do nível do ensino, são essenciais professores eficazes, sólidos e de elevada qualidade. Mas, devido a várias razões, os professores não são saudáveis mentalmente e também não estão bem colocados, o que é um símbolo de declínio do nível e do valor da educação. Por isso, para o desenvolvimento de uma nação e de uma sociedade, os professores têm de se dedicar ao desempenho das suas funções e manter a sinceridade. Para isso, um professor deve ser mentalmente saudável e sadio e estar bem colocado profissionalmente. Assim, para a nomeação de professores de qualidade nas escolas, a saúde mental, a colocação e a satisfação profissional dos professores devem ser corretamente avaliadas. No final, pode concluir-se que o professor ocupa um papel importante e significativo, por assim dizer, fulcral na sociedade e, simultaneamente, é o verdadeiro criador de destinos no mundo.

Bibliografia

Anand, S.P. - "RCEB - ESCALA DE SAÚDE MENTAL"
Best, John W. e Kahn, James V. - "Research in Education" - 9th edition
Dorling Kindersley (India) Pvt. Publisher, Pataparganj, New Delhi-110092
Bhatia,K.K.-"PrinciplesofEducation "KalyaniPublisher,4th revised
edição alargada-2000 e reimpressão2002.
Chouhan,S.S.-"EducationalPsychology".
Das, Prof. B.N. - "Principles of Education" Books and Books
Publication,BinodBehari,Cuttack-753002,7[th] edition-1996.
Gerrett,HenryE.(1981)-"StatisticsinPsychologyandEducation"-
Vakils, Fetter e Simons Ltd. Edifício Hague - 9, Sprott Road,
BallardEstate, Bombaim-400038.
ManoramaLivro do Ano-2007
5th SurveyofEducationalResearch,NCERT.
6th SurveyofEducationalResearch,NCERT.
Tripathy,Dr.P.K.-"PlacementScale"

Printed by Books on Demand GmbH, Norderstedt / Germany